d'après la couverture

DISCOURS

PRONONCÉ

A LA CÉRÉMONIE DE PROFESSION

DE

Sœur Marie-Andréane de Willermin

EN LA FÊTE DE SAINT-JEAN-DE-LA-CROIX

LE 24 NOVEMBRE 1881

AU DEUXIÈME MONASTÈRE DE LA VISITATION

A ROUEN

Par M. l'Abbé DUMAINE

Curé-Doyen de Tourouvre

MORTAGNE

IMPRIMERIE ET LITHOGRAPHIE L. DAUPELEY

PLACE D'ARMES

Optimam partem elegit.
Elle a choisi la meilleure part.

(Luc, X, 42).

MA SŒUR,

Le monde n'en croit rien ; mais qu'importe ce qu'en pense le monde, du moment où c'est le Maître qui l'a dit? Or, c'est une de ces paroles dictées par l'éternelle vérité, pour tracer à travers les âges la voie sûre et certaine à ces âmes privilégiées, à qui un jour une voix mystérieuse a fait entendre cette autre parole: *Magister adest et vocat te,* le Maître est là, et il vous appelle [1]. Vous n'avez point fermé l'oreille du cœur à ce mot de l'appel, loin de là, vous l'avez écouté dans le ravissement de votre âme, et quand, sans pouvoir vous y méprendre, vous avez discerné d'où venaient ces accents si doux, par un redoublement de sainte attention vous avez suivi avec une anxieuse fidélité jusqu'au dernier écho vous donnant l'indication précise de la direction finale de votre vie. Alors, fixant d'un regard assuré le saint asile qui vous abrite à cette heure, vous avez redit le mot du prophète : *Hæc requies mea, hic habitabo, quoniam elegi eam,* c'est ici le lieu de mon repos, j'y fixerai ma demeure, parce que je m'y suis attachée par un choix irrévocable [2]. Choix libre et indépendant, dont Dieu s'honore et sur lequel le siècle lui-même ne peut se méprendre. Mais alors du haut des cieux Dieu, suivant avec complaisance ce travail de votre

1. Joan. XI, 28.
2. Ps. CXXXI, 14.

âme, et entendant la critique humaine vouloir en dénaturer la pureté et la valeur, Dieu, pour vous aussi, a redit, comme autrefois dans l'intérieur de Béthanie : « Elle a choisi la meilleure part. »

Après cela encore, au ciel, n'en doutez pas, ma Sœur, les âmes qui vous sont chères en ont jugé de même et se sont réjouies avec les anges d'un choix si heureux de votre part. Comment donc ici-bas, tous ceux qui vous portent un réel intérêt en pourraient-ils penser autrement ? Non, que ce doute ne pénètre pas votre âme et qu'un tel nuage ne vienne pas assombrir pour vous les clartés d'un si beau jour. Vous avez bien choisi, quoiqu'en dise notre siècle sceptique et railleur, et cette part, qui a su captiver les attraits de votre âme, est assurément la plus honorable, la plus fructueuse et la plus méritoire. Pour mieux nous en convaincre, puis en même temps réfuter certaines idées aujourd'hui trop en cours, et enfin vous la présenter à vous-même telle qu'elle est en réalité, étudions-la, comparons-la, puis, après cela, vous me permettrez de vous le dire, acceptez-la comme elle le mérite, cette bonne part.

I. — Ma Sœur, elle est bonne entre toutes cette part que vous avez choisie, car elle établit entre Dieu et vous un échange de réciprocité, qui, outre qu'il vous honore, constitue encore la meilleure des garanties pour le temps et l'éternité. Il me semble que l'Esprit-Saint l'a admirablement résumée en trois mots au livre de la Sagesse : *Da et accipe, et justifica animam tuam*, donner puis recevoir et assurer ainsi le salut de vos âmes 1, elle n'est pas autre chose.

Il vous faut donner d'abord. Mais, qu'avez-vous donc qui puisse entrer en ligne de compte avec Dieu ? Une de ces offrandes, qui ont parfois suffi à illustrer certaines existences signalées par l'histoire, puisque vous donnez tout ce que vous avez ; et en fussiez-vous réduites à la situation de l'Apôtre, qui disait à la porte du temple : « Je n'ai ni or, ni argent, » comme lui encore vous pourriez ajouter : « Mais ce que j'ai cependant, Seigneur, je vous le donne 2 ; » et ce serait beaucoup, parce que vous vous donnez vous-même.

1. Eccl. XIV, 16.
2. Act. Apost. III, 6.

Tout quitter pour suivre Jésus-Christ, c'est la première condition de la correspondance à l'appel divin : Va, vends tout ce que tu as, donne-le aux pauvres et alors suis-moi [1]. C'est l'entrée de la voie par laquelle vous devez marcher. L'histoire raconte d'Hérode-Agrippa, petit-fils du vieil Hérode, qu'après avoir été le captif de Tibère, il fut renvoyé en Judée par Caligula avec une chaîne d'or du poids de son ancienne chaîne de fer. Singulière réparation, en vérité, du caprice d'un tyran, car enfin la chaîne d'or ne constituait-elle pas un nouvel esclavage pour ce triste monarque, puisqu'elle en faisait l'obligé de César? La chaîne d'or! Quel principe d'asservissement pour tant d'hommes qui se prétendent libres, mais ne sont pas même de simples affranchis, puisqu'ils sont rivés au plus lourd des assujettissements. Pour vous, mes Sœurs, vous avez compris tout autrement les choses, et, non contentes du simple détachement demandé à tous, vous avez préféré le dépouillement total, qui est le partage des privilégiés. Alors à l'encontre de la maxime qui retentit partout aujourd'hui, et dont le prophète avait entendu comme l'écho lointain, quand il disait : *Dixerunt beatum populum cui hœc sunt,* bienheureux le peuple qui possède ces choses en abondance [2]; sans les honorer même d'un regret, car vos dons sont sans repentance, vous les jetez aux pieds de Dieu en lui disant : « Seigneur, détournez mes yeux, pour qu'ils ne voient plus cette vanité [3]. Puis à qui, vous rencontrant dans l'appareil d'un si complet dénuement, vous demanderait qui vous êtes, comme François d'Assise sur le chemin de Gubbio, vous pourriez faire cette fière réponse : « Je suis le hérault d'un grand roi, de celui qui a dit : Bienheureux les pauvres! » Ainsi vous réalisez la merveille dont l'Esprit-Saint lui-même se montrait avide aux jours du Sage : « Bienheureux l'homme, dit-il, qui ne court pas après les richesses! Mais quel est-il? Nous le louerons, car il réalise vraiment une merveille en sa vie [4]. » Et toutefois si j'allais vous demander ce que vous estimez avoir ainsi donné. Ah! je connais par avance votre réponse, elle est aux pages

1. Matth. XIX, 21.
2. Ps. CXLIII, 15.
3. Ps. CXVIII, 37.
4. Eccl. XXXI, 8.

évangéliques : Seigneur, nous n'avons fait que ce que nous devions faire, nous avons tout laissé pour vous suivre [1].

Pour vous, d'ailleurs, ce n'était que la moindre chose à sacrifier, et la preuve c'est que vous vous donnez corps et âme. La perfection de l'union par la donation, c'est en deux êtres de ne faire qu'une seule chair [2], telle est la règle tracée par Dieu lui-même, et sous la loi nouvelle élevée à la dignité d'un grand sacrement. C'est précisément ce que vous voulez réaliser avec Dieu. Cette forteresse de l'être humain contre laquelle tant d'assauts sont livrés par le monde et l'enfer, ce centre du sentiment et de l'affection, votre cœur, qui le possédera? Dieu seul, dont le pur et saint amour en fera la pureté et les délices, car, comme sainte Agnès, vous aussi vous pouvez dire : « En aimant ce bien-aimé de mon âme, je suis chaste, son contact me rend plus pure et son union me laisse vierge [3]. » Et pour tous les dangers que le monde présente sous ce rapport, vous n'avez qu'un mot : « Loin de moi, appât de mort, car la place est prise [4]; j'ai trouvé celui que mon cœur aime et je ne le quitterai pas [5]. » Puis, comme le cœur courrait grand risque de n'être pas tout entier à Jésus-Christ si le corps lui-même ne lui appartenait, de là le motif de la consommation de cette union mystique par le vœu de perpétuelle virginité. Mourant aux sens pour vivre à la grâce, vous réalisez par avance le mot de l'Evangile : Pour vous point d'union périssable, mais vous serez comme les anges de Dieu [6]. Votre cœur et votre chair elle-même ne connaîtront d'autres tressaillements que pour le Dieu vivant [7]. A votre aspect, les mondains éprouveront de ces troubles qu'éprouvaient les disciples du Christ, en présence de son corps spiritualisé, *Conturbati existimabant se spiritum videre* [8], oui, dans l'admiration de votre vertu, ils croiront voir des esprits plutôt que des êtres de

---

1. Luc, XVII, 10; Matth. XIX, 27.
2. Gen. II, 24.
3. Brev. rom., 3ᵉ répons de l'office de sainte Agnès, au 21 janvier.
4. Brev. rom., 1ʳᵉ ant. du 1ᵉʳ noct. de la fête de sainte Agnès, au 21 janv.
5. Cant. III, 4.
6. Marc, XII, 25.
7. Ps. LXXXIII, 3.
8. Luc, XXIV, 37.

chair. Emus eux-mêmes de ce spectacle, les esprits célestes se diront entre eux dans un saint ravissement : *Veni et ostendam tibi sponsam Agni*, venez, et je vous montrerai l'épouse de l'Agneau [1].

Mais au fond de l'être humain, dans la partie la plus secrète de la conscience, siège la faculté souveraine, celle qui commande à tout l'organisme, le meut et le conduit où bon lui semble, la volonté. A qui sera-t-elle ? Après avoir laissé au monde ses richesses, donné à Dieu jusqu'au dernier battement de votre cœur et la moindre fibre de votre être matériel, la volonté formerait-elle ce fond de réserve, qui vous serait comme une sorte de dédommagement des autres sacrifices? Oh ! à Dieu ne plaise que jamais pareil sentiment puisse effleurer vos âmes ! Libre des entraves de la matière, vous voulez l'être également des recherches de l'esprit et vous sentez trop bien que votre sacrifice serait par trop incomplet sans cette dernière immolation sur le saint autel de la religion. Comme la fille de Rodolphe II, qui venait la nuit frapper à la porte d'un monastère en criant : « Ouvrez, qu'importent les trônes à ceux qui doivent mourir ! » Vous dites à votre tour : Qu'elle descende du trône, cette fière souveraine, et qu'elle meure dans l'anéantissement le plus absolu. C'est bien d'ailleurs pour elle le secret de la vraie grandeur, car par l'obéissance, au lieu de prononcer des ordres, elle chantera des victoires [2]. Mais après avoir ainsi tout donné, apprêtez-vous à recevoir, car le Seigneur est bon et magnifique pour tous ceux qui placent en lui leur confiance.

Dieu, en effet, nous dit saint Bernard, s'est engagé à des choses si surprenantes sous ce rapport, qu'il a fallu, pour nous obliger à les croire, non seulement toute l'autorité de sa divine parole, mais encore toute la sainteté de son serment : « En vérité, je vous le dis, vous qui avez tout quitté pour moi, vous trônerez pour juger le monde, et vous recevrez dès ici-bas un admirable centuple [3]. » Oui, dès ce monde, par la perfection de votre genre de vie, vous dominerez le siècle. Vous le dominerez, parce qu'il est esclave

1. Apocal. XXI, 9.
2. Prov. XXI, 28.
3. Matth. XIX, 28.

de ses richesses, de ses plaisirs et de ses caprices, et que vous êtes libres de tous ces asservissements. Vous le dominerez, parce que ses intérêts et ses goûts le rendent terrestre, tandis que les vôtres vous rendent célestes, *de terra terreum, de cœlo cœlestis* 1. Elevées sur ces hauteurs, vous le jugerez à l'aide de cette vraie lumière qui vient d'en haut, et s'il vous reproche l'abjection à laquelle vous vous êtes réduites, vous pourrez lui répondre avec cet accent de conviction que Dieu seul inspire : « Eh bien, je préfère cette abjection dans la maison de mon Dieu aux demeures souillées par la contagion du mal 2. » Cela est pour l'esprit, mais pour le cœur, il y a aussi d'ineffables compensations. Que d'existences qui ne savent que rendre ce triste écho de la souffrance : « Pourquoi es-tu triste, ô mon âme, et pourquoi me troubles-tu 3 ? » Ce cri de l'âme tourmentée vous sera inconnu, parce que par état vous dominez les inquiétudes de la terre, et les grandes tempêtes comme les grandes émotions sont inconnues aux régions que vous habitez. Si le Maître, en effet, ne l'avait enseigné, ce serait à n'y pas croire, mais n'a-t-il pas dit un jour que les préoccupations du siècle, c'étaient autant d'épines qui étouffaient au cœur de l'homme les meilleures influences d'en haut 4 ? Il n'y a ni de ces ronces, ni de ces épines pour ensanglanter vos pas par les sentiers que vous suivez ; non, par la voie que vous avez choisie, on marche, on court, sans entraves, le cœur dilaté 5, parce que l'apôtre vous dit au nom de Dieu qu'il vous veut au-dessus de toutes les anxiétés d'ici-bas 6. En outre, le pieux auteur de l'Imitation nous enseigne encore que la tribulation et la douleur sont le partage de toute existence qui ne sait pas se préserver du mal. Et si à l'appui de cette donnée, nous consultons l'expérience, quel concert lamentable nous revient de toute part pour rendre témoignage sur ce point ; sanglots de la douleur, gémissements de l'infortune, cris déchirants du désespoir, de partout

1. I Cor. XV, 47.
2. Ps. LXXXIII, 11.
3. Ps. XLI, 6.
4. Luc, VIII, 14.
5. Ps. CXVIII, 32.
6 I Cor. VII, 32, *Volo autem vos sine sollicitudine esse.*

quelles navrantes clameurs! Mais dans cette enceinte, comme on vit dans une atmosphère de paix! Où donc en est le secret, si ce n'est dans l'absence de toutes les passions humaines! Les passions, monstres insatiables qui exigent chaque jour davantage, tyrans impitoyables qui ne laissent à leurs victimes ni trêve ni repos, porteurs sinistres qui entraînent impitoyablement à la mort; oui, voilà bien pour l'existence de l'homme qui s'y livre le principe de mille maux. Mais parce que vous commandez à cette tyrannie que tout homme porte en lui-même, loin de répondre à ses exigences, vous la forcez au contraire à vous faire elle-même chaque jour une concession nouvelle; et tenant ainsi sous vos pieds cet ennemi vaincu, votre vie devient un chant de triomphe et un hymne de perpétuelle allégresse. Ainsi Dieu vous donne-t-il, mes Sœurs, de régner sur le monde, et ce n'est que l'avant-goût du centuple qu'il a promis.

Quand la chrétienté tout entière envoie chaque jour vers le ciel les sublimes demandes de l'Oraison dominicale, c'est un magnifique concert qui va doucement charmer l'oreille de Dieu, mais parmi toutes les notes qui le composent, vos accents, mes Sœurs, ont une harmonie plus suave pour l'oreille divine, et dès lors y trouvent un plus facile accès. Faut-il après cela s'étonner si, pour vous, le ciel est plus ouvert et la grâce plus abondante? Non, c'est une conséquence toute naturelle du principe que vous avez posé. Vous avez fait en vous le vide de la terre, au ciel de le remplir, vous avez tout quitté pour Jésus-Christ, il vous doit le centuple; en un mot, vous avez donné pour mieux recevoir. Dieu n'a pas besoin de nos dons, il ne les accepte qu'à titre de réciprocité, et qu'est-ce que les dons de la misère humaine, si généreuse qu'elle se montre, en comparaison des faveurs divines? Aussi je comprends ce cri d'un saint au milieu des joies dont son âme surabondait: « C'en est trop, Seigneur, je n'y puis tenir! » Dieu, qui est infini, ne connaît pas les petites mesures, et s'il est quelque chose qui rétrécisse ses dons, c'est ou l'imperfection de nos dispositions, ou l'étroitesse de nos facultés. Pour qui sait en faire l'expérience comme vous, mes Sœurs, il est facile de saisir la vérité de cette parole: « *Satiabor cùm apparuerit gloria tua* [1]; si maintenant, ô Dieu, vos dédommagements sont si doux, que sera-ce donc un jour? — Un solitaire allait mourir, après un demi-siècle passé au désert, et, à son heure dernière, il disait à Dieu, dans toute la liberté et la joie de son âme : « Seigneur, vous m'avez trompé! Vous m'aviez parlé de votre croix comme d'un fardeau, et voilà qu'elle a toujours été pour moi l'allègement de toutes mes douleurs. Vous m'aviez annoncé des pleurs à votre service, et j'y ai goûté les joies les plus suaves. Vous m'aviez dit qu'on mourait sur votre calvaire, et c'est là que j'ai commencé de vivre. Seigneur, encore une fois, vous m'avez trompé! vous m'avez trompé! — Heureuses déceptions, mes Sœurs, qui ne sont pour vous que les échanges du Seigneur.

Puis cette société d'encouragement et de charité qui vous unit toutes les unes aux autres par ce que saint Paul appelle le lieu de la perfection [2], c'est bien aussi une partie de ce centuple promis à qui a su briser les liens de la chair et du sang, pour mieux marcher à la suite du Maître. Toutes ne formant qu'un cœur et qu'une âme, sans perdre ce que vous laissez au dehors, vous constituez entre vous une nouvelle famille, où, affections et intérêts, tout se confond dans la meilleure des solidarités. Chez vous, les joies sont meilleures, parce qu'on les goûte en commun; les peines moins amères, parce que vous les partagez ensemble; la pratique du bien plus facile, parce que vous y travaillez de concert.

En de telles conditions, où serait la force assez puissante pour entraver votre marche vers le ciel? Après tout, qu'on ne l'oublie pas, si Dieu vous a fait entendre le mot de l'appel, et si vous avez jugé bon de répondre à sa voix, c'est que le regard de votre foi n'a pu perdre de vue le but final, le salut de vos âmes; c'est toujours la réalisation de cette parole : « Donner puis recevoir, et ainsi sauver son âme. » Pour vous donc la voie ne devient pas plus large, mais plus sûre; vous y marchez d'un pas plus assuré, le regard moins détourné du but et encouragées par des promesses d'une éblouissante clarté. En effet, s'il y a déjà pour vous le centuple de la terre, il y aura surtout le centuple éternel. Fortes de cette inébranlable certitude basée sur de telles pro-

1. Ps. XVI, 15.
2. Colos. III, 14.

messes, vous pouvez mieux que tout autre adresser à Dieu cette prière, qui, dans votre bouche, devient presque un ordre : « *Fiat manus tua ut salvet me, quoniam mandata tua elegi,* Seigneur, donnez-moi la main comme gage de sûreté, car j'ai pris vos ordres pour règle de ma vie [1]. » C'est donc vous, ô Dieu bon et puissant, qui êtes vraiment la part de ces âmes pour le temps et l'éternité [2] ! Par suite de cet heureux échange qui vous les consacre et vous assure à elles à jamais, elles peuvent redire la parole du cantique : « *Portio mea in terra viventium,* oui, ma part n'est point d'ici-bas, mais d'un monde meilleur, elle est dans la terre des vivants [3]. Aussi, ma Sœur, en présence des réalités que vous découvre une telle perspective, à cette heure solennelle, où va se ratifier à jamais votre choix, je vous crie de toute la force de mon âme : « *Recede de medio Babylonis et salva animam tuam,* sortez, sortez sans retard de Babylone et sauvez votre âme [4]. Et s'il en faut davantage pour achever de vous convaincre que là est vraiment la bonne part, après l'avoir considérée en elle-même, faisons maintenant à ce sujet une étude de comparaison.

II. — Un illustre savant de l'époque, parlant de la constitution et du mécanisme de notre univers, a dit : « Dans le monde physique tout est matière et mouvement [5]. » Il me semble que ces deux mots peuvent parfaitement aujourd'hui s'appliquer au monde social ; mais alors on doit se demander ce que peut être pour lui le résultat avec un tel mobile. Essayons de nous en rendre compte à son point de vue et au vôtre, mes Sœurs ; évidemment la comparaison ne peut qu'être à votre avantage.

Il faut bien le reconnaître, ce qui aujourd'hui pour un trop grand nombre prime sur tout le reste, c'est la matière. Elle est la grande divinité du jour, celle aux pieds de laquelle viennent s'incliner toutes sortes d'hommages : hommages d'efforts surhumains, de sueurs intarissables, de santés

---

1. Ps. CXVIII, 173.
2. Ps. LXXII, 26.
3. Ps. CXLI, 6.
4. Jerem. L, 8 ; XLVIII, 6.
5. Le P. Secchi, le Soleil, exposé des principales découvertes modernes.

compromises et de vies tourmentées. Autrefois, un homme se trouvait bien payé, quand, après de longs et pénibles travaux, il attachait son nom à une découverte ; actuellement une découverte ne vaut qu'autant qu'elle rapporte. Ne dirait-on pas que les hommes ont juré de faire disparaître l'antique malédiction portée au commencement des temps contre notre pauvre terre, et au lieu des ronces et des épines prédites par Dieu lui-même, de lui faire rendre de l'or par monceaux ou par torrents. En vain objecte-t-on que c'est le temps qui le veut, parce que le monde est en progrès, et en progressant il se crée des nécessités nouvelles. Cela ne justifie pas cette soif maudite, puisque malgré tous ses efforts, l'homme ne peut la satisfaire. Combien plus sage n'est pas notre Evangile, quand il nous dit : Cherchez donc tout d'abord le royaume de Dieu et sa justice, tout le reste vous sera donné comme par surcroit [1]. Puis encore : Ne vous donnez pas tant de mal à amasser les trésors de la terre [2]. Un saint père nous en donne la raison, c'est que trop souvent ils sont une charge pour ceux qui les possèdent, pour trop les aimer on s'expose à des bassesses, et leur perte, quand il faut la subir, est une torture : *Possessa onerant, amata inquinant, amissa cruciant.* Mais, hélas ! trop souvent le monde ne veut pas comprendre pour bien agir [3] sous ce rapport.

De là cet autre excès, dont nous sommes encore les témoins attristés, cette activité fébrile et dévorante qui absorbe et qui use tant d'existences. Ah ! sans doute je rends hommage à tous ces progrès de notre siècle, qui attestent le travail et la fécondité du génie humain à notre époque. Assurément le progrès moderne peut être fier d'avoir supprimé les distances, enchaîné la foudre et ravi au firmament ses secrets. Mais quand on voit ce courant électrique qui agite et emporte notre société, on a bien le droit de se demander où il la mène. A un bien-être inconnu jusque-là, dira-t-on. Cependant la jouissance n'est pas le dernier mot de tout, et il ne faut pas oublier que trop souvent elle a été le principe de la décadence ; les peuples meurent de bien-

[1]. Matth. VI, 33.
[2]. Matth. VI, 19.
[3]. Ps. XXXV, 4.

être plutôt qu'ils n'en vivent. Il y a un oracle de portée, en effet, qui peut s'appliquer aux sociétés aussi bien qu'aux individus : Que le châtiment leur soit donné en proportion des délices où ils ont vécu [1]. On ne peut nier qu'à ce point de vue il n'y ait chez nous des symptômes singulièrement alarmants.

Nous sommes le pays des conséquences [2], comme on l'a dit avec tant de justesse, et du sommet des jouissances à l'abîme des décadences la distance est bien faible. Aussi, essayez donc de vous rendre compte du niveau des caractères, et vous trouverez sous ce rapport des traces manifestes d'abaissement. L'égoïsme a tout rétréci, pour beaucoup la vertu n'est plus qu'un mot, et pour un plus grand nombre le sacrifice est devenu un épouvantail. De là ces appétits démesurés, ces revendications injustes et ces excès qui attristent et déshonorent. Non, là n'est point la bonne part. De toute évidence, au contraire, le mot de l'Ecriture se réalise, c'est la voie qui paraît droite, mais dont les extrémités conduisent à la mort [3]. Qui résoudra donc cet important problème : étant donné un peuple grand dans le passé, puissant encore dans le présent et qui, malgré tout, incline à la ruine, qui saura le préserver de ce danger et le maintenir dans sa force ? Vous-même, mes Sœurs, je parle sans paradoxe, voyons votre rôle social.

Il y a deux choses qui sont oubliées dans presque toutes les entreprises du monde, c'est la réparation et la préservation du mal, et tel est précisément le but très noble de votre vie. Le mal, c'est un torrent grossi chaque jour et qui, à chaque instant, menace de rompre ses digues. Quand on est prévenu du danger, comme vous l'êtes, mes Sœurs, on se garde bien de dormir tranquille près de ses menaces d'irruption, mais on ne cherche qu'à arrêter ses progrès, et même à réparer, s'il le faut, ses premières atteintes. Or, lorsque vous veillez, le monde peut dormir en paix, car il est sûr que les dangers qui le menacent sont puissamment conjurés. Et assurément ce serait un souhait de malédiction pour

---

1. Apoc. XVIII, 7.
2. Paroles citées par le cardinal Pie, dans une instruction faite en 1849, à la cathédrale de Chartres.
3. Prov. XIV, 12.

ceux qui vous haïssent que d'adresser à Dieu cette prière : « Seigneur, puisqu'ils vous maudissent, retirez-vous d'eux, et nous, qu'ils persécutent, rappelez-nous vers vous! » Mais non, vous avez une mission à remplir, c'est de sauver la société en péril, comme ces infortunés, je le veux bien, qu'on arrache à la mort malgré eux, mais toutefois sans que votre dévouement perde rien de son efficacité et de son mérite. Au milieu de toutes ces causes de ruine, vous serez là une protestation vivante en même temps qu'une réparation salutaire. Que le monde aille donc à ses affaires, les vôtres valent les siennes, ou plutôt les siennes n'iraient guère sans les vôtres.

Voilà le but, quels seront vos moyens ? Ceux du monde, mais avec un mode d'emploi tout différent. Il sacrifie à la matière, et comme pour Caïn, ses sacrifices deviennent une cause de malédiction. Vous, mes Sœurs, vous sacrifiez tout ce qui est de la matière, ces sacrifices deviennent féconds et portent leurs fruits : par eux la colère de Dieu s'apaise et sa miséricorde s'incline vers les coupables ; vous forcez ainsi la justice et la paix à se rencontrer dans un mystérieux embrassement [1]. Votre activité, vous la dépensez vous aussi dans une noble ardeur, mais non en de stériles efforts. C'est bien loin, en effet, qu'il vous faut aller chercher les égarés de la passion, c'est presque des portes du trépas qu'il vous faut ramener les victimes de l'existence, c'est enfin contre des flots furieux, menaçant de tout dévaster, qu'il vous faut opposer d'héroïques résistances. Mais pour cela, vous avez l'inépuisable ressource de la prière, les saintes énergies de la pénitence, et les ardeurs d'une charité plus forte que la mort. Comment donc perdre espoir, quand on vous sait ainsi à l'œuvre, car enfin si le mal est grand, du moins, grâce à vous, il n'est pas sans remède. Après tout, Dieu ne demandait autrefois que dix justes pour sauver des villes abominables, et vous comptez parmi nous par milliers !

Aussi que d'autres tiennent le glaive qui protège ou l'instrument qui alimente, n'en soyez point jalouses, loin de là, et soyez saintement fières du rôle qui vous est départi, puisque vous êtes la vertu qui sauve. Comment ne pas rappeler, dans la ville qui l'a vue mourir, que Jeanne d'Arc

1. Ps. LXXXIV, 11.

a plus fait pour le salut de son pays par sa vie d'innocence, de prière et de sacrifice, que par son épée, pourtant si vaillante. Quand, il y a deux siècles, Dieu voulut donner au monde un dernier gage de son amour par la manifestation du Cœur sacré de son Fils, ce fut une des vôtres qui, par sa sainte vie, mérita d'être la messagère de ce puissant moyen de salut universel. Hélas ! comme aux jours les plus mauvais de notre histoire, il faut encore de grandes vertus et de sublimes dévouements pour nous délivrer de l'invasion de la mort. Mes Sœurs, à l'âme de l'enfant, en butte à une haine infernale, assurez sa vertu et sa foi ; à l'agonisant, qui va paraître devant Dieu, obtenez la grâce dernière que l'impiété lui refuse ; pour notre pauvre France ignominieusement traînée à la mort, méritez la délivrance et la vie ; pour la sainte Eglise enfin, aujourd'hui en butte à tant d'épreuves, implorez la consolation et le triomphe. La tâche est immense, j'en conviens, mais elle n'est au-dessus ni de vos forces ni de vos dévouements. Quand, en effet, aux heures bénies de l'appel d'en haut, vous avez mesuré du regard tout ce que votre correspondance allait vous imposer, depuis ces sacrifices souvent incompris, jusqu'aux heures solitaires de l'agonie, sans vouloir détourner les lèvres de cette coupe d'amertume, vous l'avez saisie d'une main généreuse et vous avez dit : « Ceci sera ma part. » Vous avez bien choisi, mes Sœurs, la comparaison le démontre, vous avez pris la part fructueuse et salutaire par excellence, celle qui arrache le monde à ses défaillances et lui mérite la vie. Laissez-moi vous dire encore comment vous devez en pratique la comprendre.

III. — Il faut tout d'abord, ma bien chère Sœur, vous pénétrer de ce point, que par la grâce de votre vocation Dieu vous veut dans une vraie et parfaite sainteté. Un jour, dans la chapelle du château de Bourbilly, madame de Chantal, épanchait son âme devant Dieu, quand elle se vit entourée d'une grande multitude de vierges et de veuves, et elle entendit du ciel une voix qui lui dit : « Voilà la génération qui te sera donnée et à mon serviteur fidèle, génération chaste et choisie ; *et je veux qu'elle soit sainte*[1]. Cette

---

1. Vie de sainte Chantal, par M. Bougaud, t. I, p. 105. — Mémoires inédits de sainte Chantal.

volonté d'en haut, si clairement exprimée, vous sera douce, je n'en doute pas, et vous rendra plus chère encore la part qui vous est faite. Ce n'est donc point simplement à la sainteté vulgaire que vous êtes appelée, mais à celle dont les brûlants désirs embrasaient l'âme de saint François de Sales, quand il écrivait à sainte Chantal : « O ma fille, quand serons-nous saints! Mon Dieu, s'il ne fallait que mon sang pour vous rendre toute sainte [1]!... » Désormais donc soyez à cette grande œuvre plus que jamais, dites-vous bien : « Je suis l'épouse du Christ, il me veut pure, sans ride et sans tache d'aucune sorte [2]. » Son amour est un feu qui consume, là, dans ce divin brasier vous devez chaque jour anéantir toute imperfection. Votre cœur va être consacré comme l'autel de nos temples, vous ne manquerez pas d'y offrir plusieurs fois le jour des victimes au Seigneur, hostie de louange, sacrifice des penchants naturels, immolation de tout vous-même à la divine Majesté, à l'exemple de la victime de nos autels, devenant vous-même hostie pure, hostie sainte, hostie immaculée [3]. De la sorte, vous acquerrez vraiment cette parure inestimable, sans laquelle vous n'auriez pas droit aux regards de complaisance de votre époux divin. Sans doute c'est un sommet ardu à atteindre, et j'entends le cri de votre âme : Qui me donnera les ailes de la colombe pour voler et parvenir à ces hauteurs sacrées [4]; mon cœur y aspire et ma nature s'en effraie? Ces deux ailes, si nécessaires pour atteindre ces sommets, elles entrent précisément dans le partage que Dieu vous destine, c'est l'abnégation et la simplicité.

Sans abnégation, on rampe tristement à terre, incapable de rien de grand aussi bien pour Dieu que pour ses semblables. Et vous avez de si grandes choses à accomplir pour le ciel et pour l'humanité, comment donc pourriez-vous ne pas faire appel à cette précieuse ressource? Entendez saint Bernard vous exposer une admirable doctrine sur ce sujet : « Celui qui vous a tout donné, dit-il, vous demande

---

1. Vie de sainte Chantal, par M. Bougaud, t. I, p. 274. — Lettre du 29 décembre 1609.
2. Ephes. V, 27.
3. Prières du canon de la messe.
4. Ps. LIV, 7. De Imit. Jesu-Christi, lib. III, cap. XXXI, 1.

tout également; ce n'est point de la vraie générosité que de donner une partie seulement, et il y aurait fraude à retenir même la moindre parcelle. Si vous voulez tout abandonner, rappelez-vous que vous devez surtout commencer par vous abandonner vous-même. » D'ailleurs, que voudriez-vous retenir que Dieu ne réclame ou ne repousse? Voici ce que disait saint François de Sales à ce sujet : « Je désire peu de chose, et le peu que je désire, je le désire fort peu [1]. » Parfait résumé de la règle qui doit en cela tout guider dans votre vie. C'est ce sentiment qui, le vendredi saint de l'année 1609, dictait à votre bienheureuse mère cette consécration totale d'elle-même : « Je renouvelle mes vœux avec une incomparable affection, voulant pour jamais mourir à moi-même et à toutes choses, pour vivre en l'obéissance de la divine volonté, à laquelle je me consacre absolument et sans réserve. » Vivant de la même vie, vous vous perdez en Dieu, mes Sœurs, pour résumer tout ce qu'il y a jamais eu de vraiment grand dans le bien; comme saint Paul, vous pouvez dire : « Ce n'est plus moi qui vis [2]; » avec la divine vierge Marie, vous avez le droit de dire à chaque instant : « Voici la servante du Seigneur [3] ! » en union avec le divin Maître enfin, vous pouvez faire cette affirmation : « En tout je ne sais qu'accomplir ce qui plaît au Père céleste [4]. » Suivez bien cette voie, on y marche sans crainte de s'égarer.

Mais de là, d'ailleurs, découle tout naturellement cette admirable vertu de simplicité, qui ne vous est pas moins nécessaire pour arriver au but proposé. Jésus-Christ vous en fait un précepte : « Soyez simples comme des colombes [5]. » Puis saint François de Sales a dit lui-même : « Oh! que j'aime trois petites vertus qui se cueillent dans les vallées de nos misères, la douceur de cœur, la pauvreté d'esprit et la simplicité de vie [6]. » S'il l'a tant aimée, comment pourriez-vous ne pas l'aimer vous-même? C'est lui encore qui l'a définie : « Fille de l'innocence et sœur de la

---

1. Esprit de saint François de Sales, Entretien XXI.
2. Galat. II, 20.
3. Luc, I, 38.
4. Joan. VIII, 29.
5. Matth. X, 16.
6. Vie de saint François de Sales, par M. Hamon, t. II, p. 13. — Lettre 82ᵉ.

charité [1]. Quoi de plus attrayant pour l'âme et de meilleur dans la pratique? La simplicité n'est pas autre chose, en effet, que la candeur d'un cœur qui va droit à la vérité, au devoir, à Dieu seul. Lorsqu'elle est bien fixée dans une âme, elle a son rejaillissement sur tout, sur les pensées qu'elle inspire, les paroles qu'elle dicte, les démarches et les manières qu'elle dirige en toute rectitude et suavité. Un jour, aux premiers temps de votre ordre, la bonne sœur Simplicienne nous a valu d'admirables enseignements sur ce point, en faisant au saint évêque de Genève cette question : « — Monseigneur, si vous étiez religieuse parmi nous, comment feriez-vous pour être bien parfait? » — « Ma chère fille, lui répondit le saint, avec son aménité ordinaire, je ne ferais pas si bien que vous, sans doute, mais il me semble qu'avec la grâce de Dieu, je me tiendrais si attentif à la pratique des moindres observances, que je gagnerais par là le cœur de Dieu... Si l'on m'employait à quelque chose, je l'aimerais bien et tâcherais de faire tout à propos. Si l'on ne m'employait à rien, je ne me mêlerais de rien que de bien obéir et de bien aimer notre Seigneur... Il faut tout faire le mieux que nous pouvons, car nous ne nous sommes faites religieuses que pour cela ; mais il ne faut pas nous étonner de nos fautes, car nous ne pouvons rien sans Dieu... Je me tiendrais bien bas et bien petit, je saisirais les humiliations qui se rencontreraient, et, si je n'en rencontrais pas, je m'humilierais de ce que je ne suis pas humilié... Je travaillerais à me quitter moi-même et laisserais faire de moi tout ce qu'on voudrait [2]. » Quel ravissant tableau de simplicité et de vertu, et après cela il me semble que je n'ai plus qu'à vous redire le mot du Sauveur au jeune homme de l'Evangile : « *Hac fac et vives* [3]. » Oui, mes Sœurs, pensez et agissez de la sorte, et vous vivrez comme Dieu le demande. En vérité, il ne peut pas y avoir de meilleure part.

Elle va devenir la vôtre à jamais, ma bien chère Sœur ; oh ! comme je bénis Dieu de vous avoir si admirablement guidée dans ce choix, et comme je sens que vos adieux au monde sont sans regret! Tout à l'heure, étendue sous le

1. Lettre 126ᵉ de saint François de Sales.
2. Vie de saint François de Sales, par M. Hamon, t. II, p 84.
3. Luc, X, 28.

drap funéraire, vous allez consommer votre sacrifice et l'on redira sur vous des chants funèbres. Mais ces chants de mort rendent des échos de vie. Oui, à tous vous pouvez dire : « *Non moriar, sed vivam et norrabo opera Domini* [1]. » Soyez pour moi sans inquiétude et sans crainte, vous qui m'aimez, non, je ne descends pas dans la mort, mais je me plonge dans la vie, mon partage sera désormais dans la terre des vivants, et là je vivrai pour célébrer les œuvres du Seigneur par les chants de ma voix comme par les actes de ma vie, car mon existence entière doit être un hymne perpétuel de louange et d'amour au Dieu qui me fait cette faveur. — Sans doute l'orage gronde au-dessus de nos têtes, mais pourquoi craindriez-vous, puisque vous avez précisément pour mission d'en détourner les coups ? Ah ! puissent vos sacrifices et vos prières arrêter notre siècle sur la pente des abîmes ; et si dans son aveugle injustice il voulait tarir pour lui la source du salut, rappelez-vous qu'il est des malades en délire, dont parfois il faut souffrir pour les sauver. Après tout, vous auriez un moyen de vous venger, et de ne rien perdre de la part qu'il voudrait vous enlever, ce serait de redire à Dieu le mot du saint de ce jour : « *Domine, pati et contemni pre te ;* Seigneur, souffrir et être méprisé à cause de vous [2], » oui, cela me suffit, si par là je puis encore vous glorifier, sauver mes frères et moi-même, qu'il en soit selon votre sainte volonté, *fiat voluntas tua* [3]. Il est du moins une chose que nul ne pourra me ravir, c'est vous-même, ô mon Dieu, parce que vous êtes ma part à jamais, *quoniam tu es pars mea, Deus, in œternum.*

Ainsi soit-il.

1. Ps. CXVII, 17.
2. Légende de saint Jean de la Croix, au Bréviaire romain, 24° jour de novembre.
3. Matth. VI, 10.

Imprimatur. — Sagii die 29 Novembre 1881.
J. LEBRETON, V. G.

A titre de souvenirs très dignes d'être recueillis et conservés, nous donnons ici quelques documents historiques sur certains des ascendants de cette existence qui va saintement s'éteindre dans le cloître.

L'ordre du jour du lieutenant-général sir John Bronwrigg, gouverneur de l'île de Ceylan, annonçant, le 1er juin 1815, la mort du lieu-lieutenant-colonel William de Willermin, député quartier-maître général, signale cet officier distingué comme fils d'un gentilhomme suisse, descendant d'une noble famille allemande. En effet, une note manuscrite du trisaïeul de sœur Marie-Andréane, le colonel Rodolphe de Willermin, capitaine d'une des compagnies des gardes-suisses au service du stathouder de Hollande, nous donne sur ce point un détail qui a sa valeur. La tradition veut, dit-il, que les de Willermin fussent au nombre des chefs saxons que Charlemagne, après les avoir définitivement vaincus en 795, fit *transhabiter* en Suisse. Ils y prirent de suite un rang distingué, puisque Rodolphe de Hapsbourg, premier empereur d'Allemagne et Suisse d'origine, éleva, en 1287, Jean de Willermin à la dignité de chevalier du Saint-Empire Romain d'Allemagne, avec hérédité dans les deux lignes paternelle et maternelle à perpétuité, et confirma leur antique noblesse en ne leur donnant pas d'autres armoiries que celles portées par eux, depuis qu'elles furent en usage. — « Pour plus de
« certitude, dit le titre allemand, nous avons de *nouveau* accordé
« audit Jean de Willermin, de même qu'aux héritiers de leurs héri-
« tiers, les armoiries marquées ci-après, dont il prétend que son
« père et ses ancêtres étaient en possession, à savoir : Ecu d'azur,
« portant aux deux côtés d'en bas de l'écu contre les deux coins
« d'en haut deux bâtons argent, accostés de droite et de gauche par
« deux étoiles d'or à six pointes. L'écu portant pour timbre le
« casque d'or de chevalier, ouvert et de face, orné de droite et de
« gauche de lambrequins bleus et blancs d'un côté, et jaunes et
« bleus de l'autre ; du sommet du casque sortent deux bras dorés
« aux coudes et aux extrémités, lesquels montent en haut et se
« replient tenant aux deux mains nues deux épées tranchantes en
« croix. »

Il y a quelques années, Morel-Fatio, peintre distingué, trouva près de Lauzanne un fragment de vitrail du XVIIe siècle, sur lequel sont peintes les armoiries de la famille de Willermin, avec l'inscription du nom lui-même. Ce travail est de peinture médiocre et, par suite de mutilation, n'est plus même entier. On y voit un écusson double sur un aigle éployé du Saint-Empire Romain, au-dessus en chef se trouve le casque de chevalier, puis deux mains tenant deux épées en croix. De chaque côté, deux personnages en pied tiennent chacun un étendard. Sur l'un est écrit *Pax*, et sur l'autre *Justitia*. Il nous semble que cette devise symbolique, avec ces deux épées croisées, peut ainsi se traduire : *Je venge la justice et je protège la paix.* C'est le parfait résumé d'une vie toute de droiture et de vaillance.

Par la suite, les de Willermin contractèrent d'illustres alliances ; qu'il nous suffise de dire qu'ils furent en contact avec le sang de France par les Vendôme, et notamment encore avec les de la Rovère, dont était le pape Jules II.

William de Willermin, de son union avec mademoiselle de Rovéréa, eut un fils, qui naquit en 1804, Eugène-Rodolphe, baron de Willermin. La famille rentra en France, en 1816, avec le comte d'Artois.

Monsieur Eugène de Willermin épousa mademoiselle de Boulnois, fille du baron de Boulnois, lieutenant-général et commandeur de la Légion d'Honneur. De ce mariage naquirent deux enfants : Edouard de Willermin, mort depuis plusieurs années, et Clémence de Willermin, aujourd'hui sœur Marie-Andréane dans l'ordre de la Visitation.

Cet ancien nom n'est plus porté à cette heure que par deux jeunes enfants, dont la mère ne leur laissera jamais oublier l'antique et illustre origine ; car pour eux cette vieille maxime a force de loi : Noblesse oblige.

Nous devons ces intéressants renseignements à monsieur Charles de Montzey, ancien officier et chevalier de la Légion d'Honneur, lui-même fils de mademoiselle Charlotte de Willermin, qui, en 1804, épousa monsieur de Montzey, alors ancien capitaine au service du roi, et depuis élevé au grade de général.

Mortagne. — Imprimerie Daupeley, place d'Armes.

www.ingramcontent.com/pod-product-compliance
Lightning Source LLC
Chambersburg PA
CBHW070535050426
42451CB00013B/3016